RECUEIL

DE LA CORRESPONDANCE

ADRESSÉE,

PENDANT LES ANNÉES DIX ET ONZE,

PAR DES FONCTIONNAIRES PUBLICS ET AUTRES

À M. LE DANOIS,

PRÉSIDENT DU TRIBUNAL D'ANDELYS ,

À l'occasion de ses actions honorables et utiles au Gouvernement, des obstacles que ses ennemis *en place* apportoient à son désir de faire le bien, et des calomnies par lesquelles ils s'efforçoient de paralyser ses efforts ;

Et de fragmens de quelques lettres à un ami, contenant des réflexions sur les dangers de la calomnie et de la prévention, et sur les moyens de les faire cesser ;

Adressé à son Excellence le Ministre de la Justice.

~~~~~~

PARIS,

. DE L'IMPRIMERIE DE L. HAUSSMANN,
rue de la Harpe, n°. 80.

1811.
~~~~~~

RECUEIL

DE LA CORRESPONDANCE

Adressée, pendant les années dix et onze, par des fonctionnaires publics et autres, à **M. LE DANOIS**, Président du tribunal d'Andelys, à l'occasion de ses actions honorables et utiles au Gouvernement, des obstacles que ses ennemis *en place* apportoient à son désir de faire le bien, et des calomnies par lesquelles ils s'efforçoient de paralyser ses efforts ; et de fragmens de quelques lettres à un ami, contenant des réflexions sur les dangers de la calomnie et de la prévention, et sur les moyens de les faire cesser ;

Adressé à Son Excellence le Ministre de la Justice, avec cette invitation:

MONSEIGNEUR,

J'ai été honoré de la confiance du Souverain par la nomination à la place de Président du tribunal d'Andelys.

Ma démission, prononcée par suite de ma maladie et de mon absence pendant plus de six mois, n'a point éteint en moi la jouissance du sentiment que j'éprouvois, en pensant que j'étois digne de l'estime de mes supérieurs, et je mets un grand prix à la conserver.

J'ai beaucoup de raisons de croire que, lors de ma première explication, à l'instant de la dénonciation faite par mes ennemis, votre prédécesseur fut trompé par un employé infidèle que ceux-ci avoient placé dans ses bureaux, comme agent de leurs funestes desseins. J'ignore si cet entremetteur de la calomnie est encore en place ; mais je supplie Votre Excellence de lire ce Recueil : je tiens à sa disposition tous les originaux des pièces et les renseignemens ultérieurs qu'elle me demandera.

Je suis assuré d'avance qu'elle regardera comme l'un de ses beaux jours, celui où elle aura consolé par quelques expressions de sa bienveillance, un malheureux souffrant et persécuté depuis dix ans.

Je suis avec respect,

Monseigneur,

Votre très-humble et obéissant serviteur,

LE DANOIS, ancien Président du Tribunal d'Andelys.

OBSERVATIONS

Préliminaires et indispensables, pour l'intelligence de la correspondance, des pièces, et des motifs qui ont déterminé à les publier.

L'HONNEUR est héréditaire dans ma famille : la nature ne m'a donné d'autre passion que celle de l'étude et du désir de faire le bien.

A vingt-deux ans, je fus reçu docteur en droit dans l'université de Caen : le stage ordonné pour obtenir ce grade fut abrégé *par exprès commandement du roi*, par la considération que j'avois composé moi-même mes thèses de bachelier, et de licencié, et que je les avois soutenues en concours public.

. A vingt-deux ans et demi je fus admis au barreau de Caen. M. de Montholon, Premier Président du Parlement de Rouen, honora de sa présence l'une des audiences, dans lesquelles je plaidois une cause de quelque importance : entre autres marques de bienveillance, il m'engagea à exercer ce qu'il appeloit mes talens, dans le Tribunal supérieur dont il étoit le chef ; j'obéis avec reconnoissance : vingt années d'un travail honorable, m'ont mérité une grande considération, fondée sur l'estime....

La suppression du Parlement m'éloignoit de mes goûts et de mes habitudes ; je me retirai sur ma propriété, dans la commune de Basqueville, département de l'Eure.

J'y partageai mes occupations entre les soins de l'agriculture à laquelle je me livrai, et les bienfaits des conciliations gratuites entre mes concitoyens ; je jouis aussi du bonheur de diriger, comme Jury d'instruction, les Écoles primaires.

Les Administrations du canton furent établies, et je fus nommé Président de celle d'Ecouis, à l'unanimité des voix.

Depuis long-temps une bande de chauffeurs exerçoit ses ravages dans le département : après deux mois de sacrifices en tout genre, je livrai la totalité des scélérats à la justice... Ils n'existent plus.... et la reconnoissance publique est ma plus douce récompense.

Aux constitutions mobiles qui avoient précédé, succéda celle du Consulat : je cultivois alors paisiblement mes champs, lorsque je reçus le diplôme de la place de Président du Tribunal d'Andelys.

Je fis quelque difficulté de l'accepter, parce que mes penchans paisibles ne pouvoient s'allier avec un état qui exigeoit de la représentation.

Les lettres obligeantes que je reçus des premiers fonctionnaires publics, vainquirent ma répugnance.... j'acceptai....

Il ne me convient pas de dire comment j'ai

rempli mes fonctions : la voix publique peut seule annoncer ce que j'ai fait.

Tant que je vécus dans un état d'humilité, je n'éveillai aucune passion dangereuse; mon élévation me rendit malheureux.

Il existoit dans la ville d'Evreux un certain nombre de prosélytes du gouvernement de 1793 : tous avoient eu une position marquante, dans les nombreux emplois de cet échafaudage populaire; tous avoient subjugué les esprits par la crainte, et l'ancienne habitude d'avoir des places avoit paru un titre suffisant pour leur en accorder de nouvelles.

J'avois été l'une des victimes de leur doctrine. A peine me virent-ils rechercher la véritable faveur, celle de l'estime publique, qu'ils s'occupèrent à traverser mes jouissances, en multipliant sous mes pas les obstacles et les dégoûts en tout genre.

J'eus l'air de mépriser leurs efforts : la fermeté de ma marche les doubla; et les distinctions que l'on accorda à mes qualités publiques et privées, portèrent à son comble leur désir de me perdre.

Après deux ans d'une vie laborieuse et utile pour mes concitoyens, je fus réduit à m'occuper de ma propre défense, sur une dénonciation que mes ennemis avoient adressée contre moi au Ministre de la Justice.

Je me rappelle que lorsque je fus instruit de

cette atrocité par la lettre de l'un de mes amis, je lui adressai seulement ces lignes :

Le temps des miracles est passé.... Quel que soit le crédit apparent des dénonciateurs, ils ne parviendront pas à faire croire que l'homme, dont tous les instans d'une existence de cinquante années sont marqués par des actions louables, soit devenu tout à coup scélérat.... Ce prodige étoit réservé, dans d'autres temps, au délire populaire.

Quoi qu'il en soit, le Ministre de la Justice m'invita à me rendre auprès de lui; il me communiqua les quatre chefs de l'inculpation qui m'étoit faite.... Je lui remis la correspondance que l'on va lire; j'y joignis à regret quelques mémoires... (car j'ai toujours été convaincu que l'innocence n'a pas besoin de raisonnemens pour se justifier; que son éloquence consiste dans les faits), et il me dit avec bonté, *que j'allasse reprendre mes fonctions que j'exerçois si utilement.*

On m'avoit dit que la dénonciation avoit été envoyée au Ministre de la Police.... Je lui écrivis, et il me fit la réponse obligeante qu'on lira dans la Correspondance.

Des travaux longs et opiniâtres ont accru la sensibilité naturelle de mes organes : j'avoue que la seule pensée d'être obligé de me justifier, la porta jusques à l'état de maladie....

Je réfléchis trop long-temps sur la perversité

humaine.... J'étois surtout très-attristé lorsque je pensais à l'art avec lequel la calomnie porte ses coups.... *Toujours circonspecte*, elle se gardera bien d'offrir des preuves telles que sa victime, traduite dans les tribunaux, puisse, à l'aide des formes sacrées, y démontrer son innocence; mais au lieu d'imputer un crime, elle se bornera à indiquer des indices éloignés, des présomptions vagues, de ces traits enfin qui n'attaquent pas l'homme jusques dans sa vie physique, mais qui font de profondes blessures à son cœur....

Ainsi, d'après mes dénonciateurs, je n'avois point commis de crime, mais je l'avois protégé.

Je réfléchissois encore sur les ressources dangereuses de la calomnie, qui a le funeste avantage de faire regarder comme possibles des choses que l'observation approfondie du cœur humain doit placer dans le rang des chimères.

J'étois occupé de ces tristes pensées, lorsqu'on me remit deux lettres qui indiquoient le genre et le fil du complot des dénonciateurs; j'y remarquai qu'ils avoient choisi un agent subalterne déjà célèbre par un faux qu'il avoit commis, pour aller à la recherche de témoins complaisans, et les suborner par tous les genres de séduction.

Je le traduisis aussitôt devant le Juge de paix, compétent de connoître de ces sortes de délits; il fut jugé *calomniateur, et convaincu de démarches propres à troubler mon repos*, et je fus autorisé à faire imprimer le jugement au nombre de mille exemplaires : mais le juge avoit omis de copier le texte de la loi qui autorisoit la peine, et le tribunal de cassation annula ce jugement, et me renvoya devant un autre juge.

La maladie avoit déja fait trop de progrès, pour que je pusse donner des suites à cette affaire; j'en remis le soin à un autre temps.

Six mois s'étoient écoulés sans que j'eusse entendu parler des effets de la dénonciation; enfin on m'annonça que le Conseil-d'Etat, auquel elle avoit été portée, avoit prononcé qu'il n'y avoit pas lieu *à délibérer, quant à présent.*

Ainsi je fus livré au seul supplice auquel mes calomniateurs m'avoient destiné, pour leur plus grande sûreté et mon plus grand tourment : celui de la prévention contre mon honneur et des soupçons, qui se glissent si facilement dans les esprits foibles.

Qu'un autre vante son courage et sa philosophie, je connois le prix de ces vertus; mais mon organisation est telle, que je ne pus les élever au degré que les circonstances exigeoient.

Je fus plongé dans un état de maladie tellement inquiétant, que ma famille crut devoir me confier aux soins de MM. Pinel, Esquirol et Giraudi, médecins de la maison de santé de madame Loiserolle, rue de Buffon, où j'entrai le 10 juillet an 10.

Si la modération pouvoit s'allier avec les fureurs de la calomnie, mes ennemis auraient dû être satisfaits des maux cruels auxquels ils m'avoient exposé; bien certains qu'il n'existoit plus de moyens de s'opposer à leur rage, ils écrivirent au Ministre que j'étois en fuite, et calculèrent adroitement sur cette imposture, pour le triomphe de leurs perfidies et pour le complément de ma perte.

J'ignore quelle mesure fut prise alors pour remplacer un fonctionnaire public rendu si suspect : je sais seulement que mon traitement de Président me fut encore payé quinze mois après cette époque, et jusqu'au moment où ma démission fut prononcée. Ce qui annonce que le Ministre prévoyoit déjà que l'avenir éclaireroit un complot tellement odieux, que la révolution même n'en a offert que peu d'exemples.

Après dix ans de tourmens, dont le martyr le plus célèbre s'honoreroit, je goûte enfin quelques instans de repos. J'ai consacré les premiers à tracer ces lignes; j'ai employé les seconds à rédiger des notes sans suite, sur les effets de la calomnie et de la prévention; et sur quelques moyens qu'on pourroit opposer à ces fléaux : je les ferai imprimer à la suite de la Correspondance et des pièces.

On ne verra point dans la correspondance les noms des dénonciateurs et ceux des hommes vertueux qui m'ont consolé : les premiers sont fonctionnaires publics, leur existence tient à celle du

Gouvernement; c'est à celui-ci qu'il appartient d'en retrancher ce qui lui paroîtra nuisible; les seconds, également fonctionnaires publics, sont mes bienfaiteurs, je leur dois de la reconnoissance, et je ne les livrerai point à des vengeances particulières que l'habitude de les exercer semble légitimer dans le cœur de mes ennemis.

Tous les noms seront remplacés par trois étoiles, mais les pièces originales restent dans mes mains; je les produirai à quiconque aura le droit et l'intérêt de les connoître.

Maintenant que j'ai satisfait le vœu de mon cœur, suspendu par une léthargie de dix années, je déclare que les derniers instans de ma vie, si je recouvre la santé, seront consacrés à faire le bien, à plaindre mes ennemis, et à ne vouloir tirer d'autre vengeance de l'attentat qu'ils ont commis envers moi, que celle de les abandonner au souvenir de leur injustice.

CORRESPONDANCE

ET PIÈCES Y RELATIVES.

N.º I.

Lettre d'un fonctionnaire public, annonçant à M. Le Danois qu'il est nommé Président au Tribunal d'Andelys.

Andelys, le 6 floréal an VIII.

Citoyen, je viens d'apprendre que votre nomination à la place de Président du Tribunal d'Andelys est certaine.

Je félicite le Gouvernement, et je le remercie du choix qu'il a fait : mais l'on me dit que vous êtes décidé à refuser, cela me désole ; et je ne peux le croire, parce que je connois votre attachement pour votre pays.

Le Gouvernement vous appelle, l'opinion publique ratifie ce choix ; les administrés ont le plus grand besoin de vous, et les bons habitans d'Andelys vous désirent. Vous accepterez.

D'avance je suis satisfait, pour mon compte, de pouvoir cultiver un citoyen tel que le citoyen Le Danois, à l'estime duquel j'attache un grand prix.

Je vous salue de tout cœur.

N°. I I.

Réponse de M. Le Danois à la lettre ci-dessus.

Votre lettre obligeante offre certainement les motifs les plus puissans pour me déterminer à accepter la place honorable à laquelle le Gouvernement m'appelle : ils s'étoient déjà présentés à mon esprit, et je vous proteste que j'avois réuni tous mes efforts pour les faire prévaloir, sur ce que la réflexion me montroit sans cesse comme obstacle invincible.

Je n'ai pu réussir; voici mes considérations : appréciez-les, et plaignez-moi.

Les circonstances m'ont forcé à venir chercher un repos prématuré à la campagne; j'y ai formé un établissement assez considérable; j'en suis le seul et l'indispensable agent. Il dépériroit et finiroit par s'anéantir, sans ma surveillance immédiate et perpétuelle.

Je me suis créé dans mon asile des occupations auxquelles il est bien difficile de renoncer : l'éducation de ma fille, le besoin de rester auprès d'une famille que je chéris, la satisfaction sans cesse renaissante d'aider les malheureux de mes conseils, et de les garantir du danger des procès par le bienfait des conciliations, sont des jouissances solides auxquelles je me suis accoutumé.

Je n'aurois le moyen de les concilier avec les

devoirs de la place qui m'est proposée, qu'autant qu'il seroit possible de fixer les uns et les autres dans le même lieu, ou au moins à une distance peu éloignée.

Mais un intervalle de deux lieues à parcourir, le danger des chemins fort mauvais dans la belle saison, et impraticables dans l'hiver, des absences fréquentes et longues à faire, en raison de mes nouvelles obligations, avec lesquelles je ne composerai jamais, doivent être aux yeux de tous, des obstacles insurmontables pour mon âge, pour ma santé, pour les habitudes nécessaires que je me suis faites.

Si je ne tenois à rien de tout ce que je viens d'exposer, vous me verriez bientôt préférer la dernière chaumière des Andelys à l'habitation la plus commode dans tout autre lieu, parce que d'une part j'y jouirois du bonheur, que je sais bien apprécier, d'être utile à mes concitoyens, et que de l'autre j'y rencontrerois des amis estimables, tels que vous, qui me dédommageroient de quelques sacrifices si je les avois faits.

Mais je ne puis avoir d'existence à Andelys, si celle de ma femme, de ma fille et de ma famille, sont à Bacqueville; je ne puis y être heureux, si je songe que j'ai brisé, dans un seul moment, les ressources que je leur avois préparées, et qui ne peuvent se prolonger et se consolider que par ma présence et mes soins.

Voilà , mon cher citoyen et ami, les considérations trop puissantes qui me font un devoir pé-
nible de résister au choix du Gouvernement. Je
vous supplie de les lui faire parvenir avec l'expres-
sion de tous mes regrets.

Quant à vous, et aux bons habitans d'Andelys,
pour lesquels ma reconnoissance est sans borne,
mettez à l'épreuve, autant que vous le voudrez,
tout mon zèle et mes facultés, dans les cas où je
pourrai les employer, j'aurai toujours un plaisir
bien vif à vous prouver mes sentimens sincères
d'attachement et d'estime.

P. S. Un de mes intimes amis attaché au Gouvernement, m'est venu voir dans la décade dernière ; je l'ai prié de communiquer au Ministre de
la Justice mes raisons de refus de la place pour
laquelle on me désignoit ; je lui ai parlé d'un ju-
risconsulte ancien, très-éclairé et très-probe, qui
certainement accepteroit, mais je l'ai engagé à ne
faire de démarches à cet égard, qu'autant que je
me serois convaincu, que ni vous, ni le Tribunal,
n'auriez point d'autres vues particulières. Si vous
vouliez avoir la bonté de répondre à l'invitation
que j'ai prié *** de vous faire, de venir visiter un
pauvre malade le jour de la décade, nous en cau-
serions.

N°. III.

Lettre d'un second fonctionnaire public ; il invite M. Le Danois à accepter la place de Président.

Andelys, le 7 floréal an VIII.

MON CHER CONCITOYEN,

Le citoyen *** vient de me communiquer votre lettre et de me faire part en même temps de la peine sensible que lui fait le parti que vous paroissez vouloir prendre, de refuser absolument la place que vous méritez si bien sous tous les rapports.

Permettez-moi de joindre mes regrets aux siens, et à ceux de tous nos concitoyens, et trouvez bon qu'après m'être flatté de l'espoir de profiter de vos lumières, en qualité de l'un de vos collègues au Tribunal, je hasarde quelques réflexions qui ne peuvent trouver de mérite auprès de vous que par l'attachement sincère qui les dicte.

La première, c'est que vos talens, vos connoissances et votre réputation sont le domaine de tous, et particulièrement des citoyens de l'arrondissement.

La seconde, qui ne sera pas moins essentielle pour votre cœur, c'est le désir que nous avons tous de voir former un établissement dont vous serez le père, et qui s'honorera toujours de vous avoir eu pour fondateur.

Enfin la troisième, qui me paroît répondre aux objections contenues en votre lettre, est que nous sommes dans la persuasion que vous pourrez concilier les devoirs de votre place, avec ceux de l'amour que vous avez pour votre famille ; me faisant un devoir et un plaisir bien vif de vous offrir de vous suppléer autant et si long-temps que vous le jugerez convenable, dans les fonctions de Directeur du Jury, qui sont les seules assujétissantes et qui obligent à une résidence journalière.

Si cette offre, que je crois très-admissible, mon cher concitoyen, peut vous agréer, et vous faire changer de détermination, je me trouverai bien dédommagé du léger surcroît de travail que cela pourra m'occasionner, m'estimant trop heureux de pouvoir, par ce moyen, procurer au Tribunal un chef, et aux citoyens un magistrat aussi rare par ses qualités privées que par celles morales.

Agréz l'assurance de mon attachement.

N°. IV.

Lettre d'un troisième fonctionnaire public, sur le même sujet.

A Andelys, le 9 floréal an VIII.

En applaudissant au choix distingué du Gouvernement, pour la Présidence du Tribunal civil d'Andelys, je ne m'attendois pas, sans doute, que les regrets fussent les premiers sentimens que je dusse vous manifester.

Quel génie malfaisant fait donc succéder tout-à-coup la tristesse à la joie ! Quel obstacle invincible s'oppose donc à ce que l'homme le plus digne de présider, organiser, et pour ainsi dire créer le Tribunal, remplisse une mission d'où doivent découler le bonheur général de l'arrondissement, et l'entière satisfaction de tous les amis de l'ordre et de la justice ?

Quoi ! est-ce parce que le Gouvernement aura fait un choix qui l'honore plus que celui qui en est l'objet, que nous serons privés des lumières de ce dernier ? Si l'amour paternel, la tendresse maritale, la nature, les jouissances douces, délicates et pures, l'esprit de conciliation d'union et de concorde, ont pu un instant nous enlever l'homme digne de notre estime et de notre affection, le bonheur de l'arrondissement, le besoin d'un chef expérimenté, la confiance des membres du Tribunal, la connoissance des localités, l'attente du Gouvernement, le vœu général enfin, joint à la possibilité de concilier ses devoirs de magistrat, avec ceux de père et d'époux, vont sans doute le rendre à nos désirs.

Permettez-moi, citoyen Président, de manifester ce vœu ; je le partage avec tous ceux qui, comme moi, ont l'avantage de pouvoir vous apprécier. Si j'étois le dispensateur des places, et que votre démission me fût présentée, je vous dirois : « J'accepte volontiers la démission des juges « qu'il m'est facile de remplacer, sans nuire aux « intérêts des justiciables ; mais quant à vous, « citoyen, vous êtes trop précieux à votre arron-« dissement, et trop nécessaire à vos collègues « pour que je puisse accéder à votre demande. « Des commencemens surtout, dépend presque « toujours la considération que l'on porte à un « Tribunal, donnez à celui d'Andelys, le degré de « célébrité auquel il a droit de prétendre, d'après « le choix que j'ai fait de votre personne pour « le présider, afin que votre successeur, pour la « lui conserver, n'ait qu'à suivre la route que vous « lui aurez tracée. »

Voilà le langage que je vous tiendrois ; mais comme je ne suis ni Premier Consul, ni Ministre, je vous prie et vous supplie, en mon particulier, de ne pas nous abandonner ; si vos collègues aspirent après vos lumières, j'ai bien besoin qu'elles réfléchissent sur moi ; si vous nous délaissiez, je ne répondrois plus de la barque ; mais je me flatte qu'un génie bienfaisant vous rendra à nos vœux, le bonheur de l'arrondissement l'exige.

Ce motif seul est trop puissant, pour craindre qu'aucun autre puisse l'emporter.

J'ai l'honneur d'être avec une fraternité respectueuse

Votre concitoyen ***.

Copie des notes remises le 1ᵉʳ nivose an 9, par M. Le Danois, Président du Tribunal civil, à un fonctionnaire public, pour lui annoncer les démarches que ledit sieur Le Danois faisoit, pour découvrir les voleurs de diligences (1).

Le temps, les mauvais chemins et la difficulté de réunir auprès de moi un nombre suffisant d'agens, rendent les communications lentes et difficiles.

A mon retour et jusques à aujourd'hui (1ᵉʳ. nivose, heure de midi), j'ai reçu quelques confidences générales, et beaucoup d'espoir sur des développemens ultérieurs, mais rien encore qui offre les caractères décisifs que je veux saisir.

Mon impatience s'irrite, et je ne puis la calmer, qu'en remplissant les intervalles par des réflexions bonnes ou mauvaises sur la situation actuelle des choses, et que je transmets à l'amitié indulgente.

1°. Qu'a-t-on fait pour obtenir la lumière sur le vol de Puiseux?

.... A-t-on demandé Remi Martel et les gens qui composent son domestique?... A-t-on écrit au Juge de paix des lieux? Les premiers peuvent re-

____

(1) Ces notes sont écrites sur les registres de la sous-préfecture d'Andelys.

connoître.... et le second peut donner des instructions précieuses.

2°. Un seul citoyen a rapporté les propos tenus dans l'auberge de *la Coste* à Lyon.... mais il ne connoissoit pas les interlocuteurs qui *parloient très-affirmativement.*

Je me suis fait remettre la liste des personnes qui sont venues à l'auberge le jour indiqué... La voici....

Fabulet, marchand de chevaux à Rouen.

Pied de Lièvre, marchand de chevaux à Rouen.

Giffard, marchand de chevaux à Rouen, faubourg St. Hilaire.

Baptiste Brunet fils, marchand de chevaux au bourg Beaudouin.

Breton fils, marchand de chevaux, commune de Vilaine, près Lyon.

J'ai su de plus que les frères Duchesne, Cahagne et Noury, sont allés le même jour à l'auberge, ce qui probablement a donné lieu aux propos, et facilité les reconnoissances.

N'est-il pas indispensable de recueillir les déclarations des citoyens ci-dessus indiqués ?.... Vous devinez bien que je ne suis ni en position ni en moyens de le faire.

3°. Les noms des postillons, des inspecteurs et des citoyens placés dans les diligences volées doivent être inscrits aux procès - verbaux rédigés alors.... Une confrontation de ces voyageurs avec nos détenus, ne doit pas être négligée, et la police générale doit en faire les frais.... Il faudroit (si elle a lieu), ménager une entrevue avec l'homme à la lettre égarée, et avec le fameux correspondant de Mussegros.... Il est écrit en lettres ineffaçables dans ma conscience, que ces deux individus tiennent le premier rang dans les causes et dans les actes du désordre.... Le premier n'a point paru *tel* au *jury*, et c'est une raison de plus pour moi de persister dans mon intime conviction.

4°. Je suis douloureusement affecté de l'insouciance du Gouvernement à l'égard des réformes indispensables à faire à l'institution de la procédure par Jury : cette partie de notre législation la plus intéressante, en ce qu'elle est plus intimement liée à l'action du Gouvernement, jette dans la république les maux inévitables que produisent l'impunité assurée des crimes; *le mépris pour des lois impuissantes ; l'accroissement des passions qui ne rencontrent plus de frein ; le découragement des agens de la chose publique qui sont enchaînés par la puissance même qui devroit protéger leurs efforts*, etc., etc.

Vous ne vous attendez pas à trouver ici un traité qui explique et prouve chacune de ces causes, de nos dangers publics et privés : je n'ai ni la mission ni le temps de le faire, mais jetez un coup-d'œil sur les faits qui suivent et qui chaque jour vous tourmentent.

1°. Treize juges de paix sont répandus dans l'arrondissement, et possèdent exclusivement l'*initiative* de la police générale, ou si vous le voulez de la procédure sur tous les crimes.

Deux seulement ont quelques connoissances et de la probité : les autres forment en masse le dépôt de l'ignorance crasse, de l'intrigue révolutionnaire, de la corruption à prix d'argent, et de l'attachement hypocrite, plus dangereux que la haine pour le Gouvernement qui les paie.

Je les observe depuis six mois ; je vois celui-ci commençant une procédure qu'il paralyse, ou qu'il remplit de nullités à mesure que les parens ou les protecteurs des accusés font entendre et justifient le langage imposant de la séduction... Je vois celui-là reposant son accusation sur un fait emportant peine afflictive et infamante, et décernant son mandat d'arrêt sur une seule circonstance de ce fait, qui peut tout au plus mériter une poursuite correctionnelle.... Je vois cet autre se déclarant, avant tout examen, le défenseur de ces brigands, dont tout le mérite auprès de lui est d'avoir pris la qualification de *chouans*, accuser le fonctionnaire public qui les indique, et, dans son délire, lui imprimer la flétrissure due à la calomnie... Je vois, etc., etc.

2⁶. Et la composition du jury, n'a-t-elle pas des caractères aussi alarmans ?.... Vous en éloignez cinq cents citoyens à peu près formant le nombre des assesseurs des juges de paix, dans le département (nombre qui, considéré en raison des qualités essentielles de l'esprit et du cœur, est bien supérieur aux ressources de notre localité...) Vous appelez ensuite au concours la classe des citoyens, *rebutée* dans les élections du peuple ; classe dans laquelle, vous ne trouvez ni intelligence des notions les plus simples, ni la connoissance du cœur humain, ni cette position civile qui inspire le respect pour les propriétés et pour les personnes. *Classe* abandonnée aux préjugés, aux passions, et à tous les genres de séduction que l'intérêt personnel, ou la supériorité des talens veulent employer... Classe enfin pour laquelle le sentiment sublime de l'amour de la patrie, est un nom vide de sens.

3°. Quant au code pénal, compulsez les dépôts de tous les tribunaux criminels ; compulsez aussi ceux du Tribunal de cassation, vous trouverez partout timidité dans le magistrat, qui ne marche qu'à la lueur d'une loi incertaine, obscure, réunissant les deux extrémes d'une indulgence dangereuse et d'une sévérité exagérée, basée sur des équivoques et sur des conceptions métaphysiques, toujours favorables aux crimes, et hérissée de tant de diffi-

cultés dans son application, que son existence,
peut-être plus nui jusqu'ici au repos public, que,
les propres efforts de l'esprit contre-révolution-
naire.

4°. Livrera-t-on nos prévenus à la manipulation
des juges de paix... à la décision du jury?...

Ici mes notes du 1er. nivose doivent s'arrêter :
Aucun des citoyens mandés ne s'est présenté
pour les alimenter.... Renouvelez vos invitations
auprès de celui de Vascœuil... Pressez le Juge de
paix de Lions de correspondre plus fréquemment...
Je dépêche de mon côté vers le département de
la Seine-inférieure, d'où j'attends des révélations
annoncées.

N°. VI.

Lettre d'un des premiers fonctionnaires du dé-
partement à M. Le Danois, après l'arrestation
des voleurs de diligences.

Evreux, le 23 pluviose an IX.

La loi, citoyen Président, portant établissement
des tribunaux spéciaux, est adoptée par le corps
législatif. Traduirai-je devant la commission militaire, les prévenus qui sont arrêtés, ou solliciterai-
je du gouvernement la création d'un Tribunal spécial, tel est l'objet qui m'occupe en ce moment?
Vos connoissances profondes dans la partie criminelle, les renseignemens particuliers que vous avez

et sur les localités et sur les individus, les soins actifs que vous vous êtes donnés pour nous amener à la découverte de l'horrible confédération dont les effets ont été si funestes dans votre arrondissement, tout me porte à désirer d'avoir avec vous une conférence intime et particulière.

Je vous inviterois donc, citoyen Président, à vous rendre auprès de moi le 27 ou 28 de ce mois. Je me flatte que vous vous empresserez de faire ce nouveau sacrifice que réclame de vous l'intérêt de la société.

N°. VII.

Lettre du même fonctionnaire public au Ministre de la justice, à l'occasion des désagrémens que les ennemis de M. Le Danois commençoient à lui préparer.

9 fructidor an IX.

Citoyen Ministre,

Au moment de partir pour Évreux, où je serai rendu après demain, je reçois le citoyen Le Danois, Président du Tribunal d'arrondissement d'Andelys, qui, il y a trois ans, par son zèle actif et ses moyens bien connus, fit, lui seul, découvrir, arrêter et condamner, une fameuse bande de chauffeurs; qui tout récemment vient encore de rendre les services les plus signalés à la tranquillité du Département, en parvenant à découvrir les ramifications tortueuses de cette horde scélérate de

voleurs de diligences qui infestoient l'arrondissement des Andelys. C'est à ce fonctionnaire esti-
mable, et aussi attaché au Gouvernement qu'à son
pays, *que je dois, je peux le dire, la totalité
des moyens d'arrestation des brigands ;* que se-
condé par le Sous-Préfet Guilbert et le Capitaine
Quenneville, j'ai livré aux mains de la justice qui
va les juger, et dont j'ai eu l'honneur de vous
transmettre l'effrayante nomenclature. Ce magistrat
a conçu quelques alarmes, peut-être exagérées. Sa
juste susceptibilité pour son honneur le fait ac-
courir à Paris : il est inquiet des rapports calomnieux qui, à ce qu'il craint, vous ont été transmis
sur son compte. Premier Administrateur du département de l'Eure, je dois au nom du Gouvernement fournir la garantie nécessaire à tous les fonctionnaires qui se livrent tout entiers pour le servir.
Je fais en ce peu de mots l'apologie du citoyen
Président Le Danois. Il désire vous voir, citoyen
ministre, vous entretenir un instant, et je ne
doute pas qu'il ne retrouve, après le moment d'entretien qu'il vous plaira de lui accorder, cette tran-
quillité d'esprit si nécessaire à l'homme public
ami de son pays, et qui le sert tous les jours aussi
efficacement.

J'ai l'honneur de vous saluer avec respect, ★ ★ ★.

N°. VIII.

*Lettre du même fonctionnaire public à **M**. **Le** Danois , à l'occasion des nouveaux renseigne-mens que ce dernier lui avoit envoyés.*

Evreux, le 24 fructidor an IX.

J'ai reçu avec reconnoissance, citoyen Prési-dent, les renseignemens précieux que vous m'avez transmis, ils sont très-intéressans pour la tran-quillité de ce Département, je serai bien-aise d'avoir une expédition judiciaire des déclarations dont vous me parlez, et que vous m'offrez de me procurer.

Le Tribunal spécial à qui j'ai fait passer une note officielle et sommaire de ce qui fait l'objet de votre lettre, se procurera sans doute de son côté pareille expédition; *vous acquérez tous les jours de nouveaux droits à la reconnaissance pu-blique*, et vous êtes trop au-dessus des attaques de la malveillance pour lui rendre autre chose que la pitié; il est tout naturel que je vous indi-que comme base de conduite, celle que je tiens moi-même; au demeurant je m'en rapporte à vous, et l'impassibilité me paroît la meilleure réponse; agréez, citoyen Président, l'assurance de l'estime et de la considération qui vous sont dues.

P. S. Vous pouvez vous dispenser de m'envoyer l'expédition dont je vous parle, je prends le parti

de la demander directement au commissaire près
le Tribunal spécial de la Seine-inférieure.

N°. IX.

*Lettre du même fonctionnaire public à M. Le Da-
nois, qui se plaignoit de la persévérance que
ses ennemis mettoient à le tourmenter.*

Du 22 brumaire an X.

J'ai reçu votre dernière, citoyen Président,
datée du 18 brumaire, et je vous adresse, à Paris,
ma réponse, qui n'est que confirmative de mes
précédentes, qui ont dû vous êtes remises. Je vous
parlerai toujours le même langage, mettez-vous
au-dessus de toutes les menées d'hommes qui vous
effraient et vous menacent sans moyens probables
à mes yeux de vous atteindre. Votre conduite
ostensible et publique, j'aime à vous le répéter,
m'en offre la garantie, et doit vous offrir à vous,
celle de mon appui, s'il étoit jamais nécessaire.

Réunissez, citoyen Président, à toutes les bonnes
et belles qualités que je vous connois, cette impassibilité du magistrat pour tout ce qui a rapport à ses fonctions, au milieu desquelles il doit
être inattaquable, ainsi que pour tous les actes
qui en émanent, ou qui peuvent y avoir rapport.

Croyez, citoyen Président, à mon attachement,
comme à ma considération distinguée. ***.

N°. X.

Lettre d'un autre fonctionnaire public, écrite à M. Le Danois après la dénonciation connue, par laquelle il lui annonce que les honnétes gens l'ont vengé des injures de ses ennemis.

25 brumaire an X.

MON CHER CITOYEN,

Je m'empresse de vous annoncer que vous êtes porté sur la liste nationale, et que vous avez recueilli 360 suffrages (1). Ce témoignage d'estime et de confiance de vos concitoyens sera sans doute, aux yeux du Gouvernement, une réponse péremptoire aux calomnies de *** et de ***. S'il est vrai qu'ils aient osé vous attaquer; j'en ai éprouvé pour mon compte une satisfaction bien sincère, chaque fois que je vous appelois, je disois en moi-même : encore un coup de canif dans le cœur des méchans; ils étoient là présens, ils répondoient par un rire sardonique; mais ces messieurs ont beau rire, *ils ne sont pas sur la liste.* Il est vrai qu'ils ont déjà dit qu'elle n'étoit qu'un composé de chouans; mais heureusement les yeux de Bonaparte ne sont pas les yeux de ***. Ci-joint une minute de notre travail que je vous envoie, pour que vous en preniez connoissance et la communiquiez à ***. Adieu, mon cher Président; agréez ici mes sincères félicitations.

Je suis, avec attachement et considération, votre dévoué ***.

____

(1) Il n'y avoit que quatre cents Électeurs.

N°. XI.

Les ennemis de M. Le Danois avoient publié qu'ils avoient remis leur dénonciation au Ministre de la police. M. Le Danois lui écrivit, et il en reçut la réponse suivante.

Paris, le 29 brumaire an X de la République française.

Le ministre de la Police générale de la République,

Au citoyen Le Danois, Président du Tribunal civil à Andelys.

J'ai reçu, citoyen, la lettre que vous m'avez écrite, vous n'avez besoin d'aucune justification, auprès de moi, et n'avez pas cessé de mériter les éloges que j'ai précédemment donnés à votre conduite.

Je vous salue,

Signé, FOUCHER.

N°. XII.

Lettre d'un fonctionnaire public, à un autre fonctionnaire son supérieur, par laquelle il répond aux calomnies que l'on répand sur le compte de M. Le Danois.

le 13 pluviose an X.

CITOYEN PRÉFET,

Je suis instruit que le Président du Tribunal d'Andelys, le citoyen Le Danios, a été invité, il y a quelques jours, par le Ministre de la Justice, de se rendre auprès de lui; le citoyen Le Danois a obéi.

Il paroît que dans la conférence, il a été question des vols des diligences, qui ont eu lieu dans mon arrondissement, et qu'il a été également question d'une réunion d'hommes, dite *des fils légitimes*, qui existoient en grand nombre dans ce même arrondissement, avant le 18 brumaire.

Le Président Le Danois semble avoir été désigné comme n'étant point étranger à cette dernière association; l'on a même jeté quelques soupçons sur sa probité, relativement aux vols de diligences.

Le citoyen Le Danois paroît satisfait du résultat de sa conférence, avec le Ministre; mais il désire que les premières autorités locales du département fassent connoître à ce Ministre, sa conduite.

L'ordre hiérarchique, citoyen Préfet, me défend de correspondre avec le Ministre. C'est à vous que je dois dire ce que je sais sur le compte du citoyen Le Danois.

Quelques temps avant mon installation, comme vous le savez, et peu de temps après, des voitures publiques furent pillées, et plusieurs individus assassinés, dans l'arrondissement des Andelys; je m'établis alors en permanence pour découvrir et faire arrêter, d'après vos ordres et ceux du Mi-

nistre de la Police, la bande de scélérats qui désoloient cette partie de votre département.

Ayant besoin de renseignemens pour arriver à
mon but, je n'hésitai pas de confier mon secret
au citoyen Le Danois, auquel je devois ma confiance, *instruit que j'étois, que c'étoit à lui à
qui l'on devoit la capture de quatorze chauffeurs, qui ont en l'an 4, expié leurs crimes
sur l'échafaud.*

Mes espérances n'ont point été trompées ; le
citoyen Le Danois m'a fourni beaucoup de notes,
beaucoup de renseignemens qui ne m'ont pas peu
servi, pour faire capturer le grand nombre de
voleurs et assassins, dont le tribunal spécial vient
de faire justice.

Ce Président a entretenu avec moi une correspondance qui me rendoit toutes les révélations
qui lui étoient faites, relativement aux crimes
commis.

Je dois à la justice, citoyen Préfet, de rendre
ce témoignage au citoyen Le Danois. D'après une
pareille conduite, j'ignore sur quoi peuvent être
fondés les soupçons jetés sur ce magistrat ; ses
rapports avec moi, sont en opposition avec ces
soupçons.

Quant à l'association des *fils légitimes*, son
existence avoit cessé, avant que j'administrasse
l'arrondissement des Andelys. Il paroît, d'après

quelques renseignemens qui me sont parvenus, que les *fils légitimes*, avoient un système d'opposition au gouvernement qui a précédé celui du Consulat; que l'association avoit été dissoute par l'influence du 18 brumaire; que les associés, depuis cette époque, sont rentrés dans le devoir, excepté peut-être quelques mauvais sujets qui n'avoient pris parti dans cette société, que pour exercer plus sûrement leur brigandage, et qui ont continué leur affreux métier. J'ai quelques raisons de croire que quelques-uns des brigands que j'ai fait arrêter, faisoient partie de ce reste impur.

Mais, citoyen Préfet, l'éducation distinguée du citoyen Le Danois, l'arrestation qu'il a fait faire en l'an IV de quatorze chauffeurs, sa conduite ostensible avec moi, les notes qu'il m'a fournies, ses acquisitions de domaines nationaux, permettent-elles de penser que ce citoyen ait pu faire partie d'une pareille association? Je ne puis le croire.

Si vous jugez, citoyen Préfet, que ma déclaration puisse être de quelque utilité au citoyen Le Danois, je vous prie d'en faire l'usage que vous trouverez convenable.

Salut et respect, ***.

N°. XIII.

Monsieur Le Danois avoit rédigé un mémoire en réponse à la dénonciation faite contre lui, il le communiqua à l'un des premiers fonctionnaires du département, qui écrivit la lettre suivante au Ministre, auquel le mémoire étoit adressé.

Le 19 pluviose an X.

CITOYEN MINISTRE,

Le citoyen Le Danois, Président du Tribunal d'Andelys, m'annonce s'être rendu à Paris d'après vos ordres, et y avoir eu avec vous une conférence motivée sur des renseignemens tendans à inculper ce fonctionnaire, et sur lesquels, vous avez désiré vous-même vous éclaircir directement avec lui. Il m'annonce avoir trouvé un dédommagement des attaques dirigées contre lui, dans la bienveillance consolante avec laquelle vous l'avez accueilli, et entendu des explications qui paroissent l'avoir rétabli dans votre esprit à la place qu'il mérite y occuper ; il m'ajoute que néanmoins vous désirez avoir de lui-même un récit détaillé de sa conduite sous les rapports où elle paroît si insidieusement attaquée, et qu'une lettre de moi vînt à l'appui de ce Mémoire, qu'il me déclare devoir vous présenter, et dont il m'a donné copie.

Ce seroit, citoyen Ministre, faire injure au ci-

toyen Le Danois de douter de l'identité du mémoire, qu'il aura l'honneur de vous présenter,
avec celui qu'il m'a communiqué.

Les talens distingués et connus du citoyen Le
Danois m'ont prévenu en sa faveur à mon arrivée dans ce département; j'ai connu dans ce
fonctionnaire un magistrat zélé et précieux pour
l'arrondissement d'Andelys, et pour le département, à la sécurité duquel dans cette partie,
il a puissament coopéré. Sa sagacité avoit fait découvrir et arrêter, avant le 18 brumaire, une
fameuse bande de chauffeurs qui désoloient ces
contrées; le récit des démarches actives qu'il a faites pour cette utile opération, a établi ses moyens
sous un jour très-favorable à mes yeux, et m'a
offert une preuve de son attachement à son pays.
L'arrondissement des Andelys s'est trouvé infesté
de nouveaux brigands d'une autre espèce (les voleurs de diligences), et mon premier soin a été de
m'adresser au magistrat devenu Président du Tribunal d'Andelys, et qui antérieurement à sa nomination avoit rendu des services signalés à la tran-
quillité publique. J'ai trouvé en lui le zèle et
l'activité soutenus, que j'avois droit d'en attendre;
j'ai effectivement envoyé près de lui mon secré-
taire particulier, pour conférer sur les moyens
de parvenir à découvrir les brigands et leur re-
paire; c'est à lui, à son bon et parfait accord avec
le Sous-Préfet des Andelys, que l'on doit les ren-

seignemens positifs, à l'aide desquels les brigands et leur bande ont été successivement découverts, arrêtés et livrés à la justice. Je ne peux, citoyen Ministre, que rendre des témoignages honorables de la conduite du citoyen Le Danois, Président du Tribunal d'Andelys; étranger aux propos que l'esprit de réaction ou de parti, a pu provoquer contre lui, et que cet esprit toujours agissant dans quelques têtes exaltées et incorrigibles, peut seul entretenir, j'ignorois jusques au nom des prétendues associations dont on lui fait le reproche d'avoir fait partie. Tout me paroît parler en faveur de ce fonctionnaire, et je crois lui devoir cette déclaration authentique.

Flatté de l'importance que vous daignez attacher à mon suffrage, je vous prie, citoyen Ministre, d'agréer l'hommage de ma reconnoissance.

Salut et respect, ★★★.

N°. XIV.

L'un des chefs de la dénonciation portoit que M. Le Danois avoit été membre d'une association dite des fils légitimes. Un ancien fonctionnaire du canton d'Écouis, dont M. Le Danois avoit été Président, lui écrivit la lettre suivante.

Le 21 pluviose au 10.

Citoyen Président,

Depuis trois mois, citoyen Président, vous entendez avec votre calme ordinaire la calomnie qui s'agite surtout dans la commune que j'habite, et vous restez tranquille, parce qu'effectivement vous devez l'être; mais il m'est impossible à moi qui ai été constamment associé à vos travaux pendant quatre ans et demi, qui ai connu toutes vos opérations, d'entendre sans indignation ce grand reproche qu'on vous fait, d'avoir été d'une société dite *des Fils légitimes*, qui a dû s'élever dans le canton d'Écouis, quelque mois avant les élections de l'an V.

Vous avez peut-être perdu le souvenir des circonstances les plus remarquables de cette époque, et qui toutes attestent l'impudence des calomniateurs; je vais vous les rappeler.

Vers les mois de nivose ou ventose an 5, on vint vous dire qu'il s'élevoit dans la commune d'Ecouis, deux sociétés, l'une *des Jacobins*, qui devoit tenir ses séances au ci-devant château, et l'autre d'*Illuminés* ou *des Fils légitimes*, qui devoit se rassembler dans une maison, joignant immédiatement au local de l'administration.

Vous me requîtes de convoquer extraordinairement ladite administration, vous tîntes une séance secrète à laquelle j'assistai; vous peignîtes les malheurs qui résulteroient de pareilles réunions, si on les laissoit se former, et vous fîtes arrêter que vous écririez sur-le-champ au Ministre de la Police, et à l'Administration centrale d'Evreux, ce que vous exécutâtes aussitôt.

Dé plus, vous invitâtes tous les membres, et moi-même, à se réunir à vous pour exercer la plus exacte surveillance à l'occasion de ces réunions.

Quelque secrète qu'eût été l'assemblée, il paroît que ce qui y fut agité, fut bientôt connu; et pour prix de votre zèle, le Commissaire de l'administration reçut, quelque temps après, mais avant le mois de germinal, une lettre par la poste d'Andelys, signée d'un citoyen qui se disoit marchand forain, dans laquelle, après avoir indiqué une partie de ceux qui devoient avoir été admis dans la société, on déclara que leur parti étoit pris d'assassiner, *vous*, *Président*, *le citoyen* *** *et moi*, comme ayant imprudemment développé et uni nos efforts pour éteindre cette association.

Vous devez vous rappeler encore, citoyen, qu'aussitôt la réception de cette lettre, je vous envoyai un exprès; que vous convoquâtes sur-le-champ une assemblée extraordinaire, dans laquelle vous eûtes l'attention de ne point appeler quelques membres de l'administration que l'on disoit dans la lettre devoir faire partie de la société *des fils légitimes*, que dans cette assemblée, vous arrêtâtes qu'une copie de la lettre seroit envoyée au Ministre de la Police générale, et l'autre à l'administration du département.

Que le même jour je fis les copies, que vous y joignîtes vos lettres, contenant les motifs les plus

forts, pour exciter toute la surveillance du Gouvernement et des administrateurs sur cette nouvelle secte qui menaçoit la vie d'administrateurs
zélés et attachés à leur pays.

Les preuves de tout ce que vous venez dé lire,
sont au Ministère de la Police, au département,
et doivent se retrouver encore dans les registres
de l'administration : elles sont encore ou doivent
être dans la mémoire des administrateurs, témoins de votre zèle et de votre amour pour le bien
public.

Quand, après cela, j'entends dire dans la commune d'Ecouis, d'où je sors peu, que vous avez
fait partie de la société *des fils légitimes*, ou de
toute autre sociétéde ce genre, je suis révolté également de la perfidie et de l'absurdité de la calomnie, et je vous le répète, craignant que vous-
même n'eussiez oublié les circonstances tellement
accablantes pour vos calomniateurs, je me fais un
devoir de vous les rappeler. J'aurois été moi-même
vous les offrir de vive voix, si je n'étois empêché
par quelques affaires.

J'ai travaillé quatre ans et demi avec vous; tout
le bien que je vous ai vu faire a fait naître et per-
pétué dans mon cœur les sentimens d'attachement et de considération avec lesquels je suis,

Citoyen Président, votre concitoyen ★★★.

P. S. J'oubliois de vous rappeler que vous avez

fait venir en ma présence, et en celle du commissaire du Pouvoir exécutif, le cit. ***, dans la maison duquel, l'on disoit que les assemblées se tenoient, que vous lui fîtes les ouvertures qui vous avoient été communiquées à vous-même, et que vous l'avez prévenu de toute l'activité que l'administration mettroit dans sa surveillance à son égard.

N°. X V.

Lettre d'un ancien fonctionnaire, par laquelle il annonce à M. Le Danois qu'il s'est trouvé avec l'un des agens d'un complot affreux qu'on tramoit contre lui : et il rend compte de ce complot.

Le 5 brumaire an 10.

CITOYEN PRÉSIDENT,

Lorsque j'ai été de retour d'Evreux, où j'étois allé pour le procès de ***, par rapport à la lettre que je lui avois écrite en l'an VII, j'ai oublié de vous faire part aussitôt d'une conversation que m'a tenue le citoyen ***. Un jour que j'étois au café du Commerce, tenu par le citoyen Angot, et que j'étois à lire le journal, le citoyen *** m'approcha, me donna le bonjour, m'offrit même un verre d'eau-de-vie que j'acceptai; nous nous entretînmes des personnes qui, pour le moment, étoient en jugement pour vol de diligences; dans le courant de la conversation, le citoyen *** me dit : le citoyen Le Danois a été dénoncé pour avoir participé auxdits vols. Je lui dis, je suis bien sûr que c'est une calomnie, et j'en suis tellement sûr, que je me livrerois bien pour lui, entre les mains de la justice, sans crainte d'être victime de mon généreux dévouement. Le citoyen *** me répliqua, je crois bien, comme vous, que le citoyen Le Danois n'a pas participé aux vols des diligences ; cependant qu'il prenne garde à lui, il a de puissans ennemis, et je ne sais pas comment il pourra se tirer des inculpations qui lui sont faites. Moi, me dit le citoyen ***, moi qui n'ai jamais fait de mal au citoyen Le Danois, je n'ai pas lieu d'être content de lui ; j'avois un procès à Andelys, je l'ai perdu, croyant bien que je ne devois pas le perdre : on ne m'a pas rendu justice. Le citoyen Le Danois a fait plus, il a écrit contre moi aux juges du Tribunal de Beauvais une lettre infâme D'après que j'eus dit au cit. *** que c'étoit encore une lettre fabriquée pour perdre le cit. Le Danois, le citoyen *** me répondit : je suis sûr qu'il a écrit, parce que l'on m'a lu la lettre en plein Tribunal. Vous savez, citoyen Président, si vous avez écrit, ou non, contre le citoyen *** aux juges du Tribunal de Beauvais. J'ai cru pouvoir assurer le citoyen *** que vous n'avez pas écrit la lettre en question : je pourrois me tromper ; si je ne me trompe pas, vous serez à portée de vous faire parvenir cette lettre, pour vous assurer par vous-même, des moyens qu'on emploie pour vous perdre.

Le citoyen *** me dit aussi, dans la même conversation, que *** étoit venu le trouver, lui citoyen ***, et que dans la conversation qu'ils eurent ensemble, *** dit au citoyen *** : Le Danois t'a fait perdre ton procès, il a écrit contre toi aux juges du Tribunal de Beauvais : voilà le moment de te venger, réunis-toi à moi.

Voilà, citoyen Président, la conversation qui m'a été tenue par le citoyen *** ; j'avois totalement oublié de vous en faire part ; il paroît que la calomnie aiguise ses dards pour vous en frapper ; il paroît que des êtres malfaisans ont juré, sinon de vous perdre, du moins de faire tous leurs efforts pour vous nuire. Je ne croyois pas que dans un temps, dans le moment même où les mœurs se régénèrent avec le Gouvernement, ils se trouveroit encore des êtres aussi malfaisans.

J'aurois à me reprocher de ne vous avoir pas fait part de cette conversation qui m'a été tenue par le citoyen ***. Je souhaite bien sincèrement que le rapport que je vous en fais, puisse contribuer à vous faire découvrir ceux qui cherchent à vous nuire d'une manière aussi méchante.

Salut et respect, ***.

N°. XVI.

Lettre de l'individu dont il est parlé dans la lettre ci-dessus, et à qui le fonctionnaire public avoit assuré que M. Le Danois étoit résolu de poursuivre avec fermeté ses calomniateurs.

Le 9 brumaire an X.

Citoyen Président,

Un homme qui veut se venger de ce que vous lui avez fait perdre son procès, emploie tous les moyens, pour vous perdre, pour faire, s'il est possible, des faux témoins; c'est le citoyen ★★★. Ce ★★★ après être venu plusieurs fois chez moi, sans, me trouver, s'y rendit encore vers les premiers jours complémentaires derniers; il y arriva à neuf heures du soir : j'étois alors chez mon père, l'on m'envoya chercher. Je trouvai ★★★, je lui demandai ce qu'il vouloit; il me répondit qu'il ne pouvoit me parler qu'à ma chambre; je pris une chandelle, et nous y montâmes ; alors il me dit : c'est Le Danois qui t'a dénoncé aux Juges de Beauvais, il a écrit contre toi; c'est lui qui vient de me faire perdre mon procès avec ★★★ ; *c'est un gueux, il faut s'en défaire, il faut le perdre : le moment en est venu : promets-moi de déposer que le cit. Le Danois étoit le protecteur des voleurs de diligences, qu'il leur faisoit*

prêter le serment de ne rien révéler, et qu'il re-
*cevoit des sommes de ****.*

Je répondis à *** que je ne pouvois déposer
tous ces faits, parce que je n'en avois aucune connoissance ; il me répliqua : *Tu ne cours aucun
danger, je les déposerai moi-même :* *** du Tribunal criminel est ennemi de Le Danois ; il a sa
destitution dans sa poche ; crois-moi, il n'y a pas
de risque : *il faut même que tu cherches parmi tes
amis quelqu'un qui dépose la même chose ;* j'en
ai parlé à ***, je l'ai engagé à t'en parler à toi-même,
et nous réussirons.

Après cette conversation, nous descendîmes, et
nous trouvâmes dans ma cuisine, ma mère, le citoyen ***, le citoyen ***, et ma fille, et ma ser-
vante et mon épouse ; en leur présence, *** me
répéta : Ne manque pas à te rendre à Evreux, *à
déposer tout ce que je t'ai dit : c'est un gueux,
voilà bien le moment de le perdre ; nous réussirons :* voilà de quoi dans ma poche qui suffira pour
assurer notre coup. Et au même instant il atteignit
un paquet de lettres, en disant : Le Danois est
perdu. J'observe que *deux de ces lettres étoient
anonymes.*

Je fus appelé comme témoin dans l'affaire des
vols de diligences ; je trouvai *** à Evreux, j'y
étois alors avec le citoyen *** ; il nous répéta de
ne pas manquer à faire ce qu'il nous avoit dit ;
qu'il étoit sûr de son fait ; qu'il avoit vu deux

Juges, et qu'il falloit absolument nous défaire du citoyen Le Danois. En même temps il tira de sa poche un ordre du cit. ***, qui lui permettoit d'aller dans les prisons; il nous montra, ainsi qu'à plusieurs autres, *une copie de lettre qu'il dit que le citoyen Le Danois avoit écrite contre les accusés;* il ajouta qu'il alloit la montrer auxdits accusés, et qu'après Le Danois verroit beau jeu.

Effectivement, il alla dans les prisons; environ une heure après, il revint chez le citoyen *** où nous étions, le citoyen *** et moi, et il dit : La lecture a fait un effet merveilleux. *** a dit que s'il étoit condamné, Le Danois étoit perdu. Voilà, citoyen Président, ce que je n'ai pu vous laisser ignorer. Dix témoins vous attesteront les démarches de ***; il a une grande soif de vengeance.

J'ai l'honneur de vous saluer,   ***.

N.º XVII.

Lettre d'un autre individu que l'on avoit cherché à suborner pour le même objet.

Le 15 brumaire an X.

CITOYEN PRÉSIDENT,

On vous calomnie, on veut vous perdre; il m'est impossible de garder plus long-temps le silence sur les faits dont j'ai connoissance. Les voici :

1.º Lorsque la liste supplémentaire des huissiers

fut arrivée au tribunal d'Andelys, *** est venu chez le citoyen ***, où j'étois, et me dit que c'étoit vous qui me faisiez perdre ma place; que vous étiez un gueux; que vous vendiez les causes, et qu'il n'étoit pas étonnant que vous m'eussiez fait perdre mon procès avec le ***.

2.° Vers les jours complémentaires derniers, *** revint encore chez le citoyen *** sur les 7 à 8 heures du soir; j'étois avec ce dernier chez son père; on vint nous chercher, et nous nous rendîmes à l'invitation de ***. Ce dernier dit au citoyen *** qu'il alloit lui faire voir quelque chose. Il commença par observer qu'il avoit été voir le ministre à Paris; *qu'il y avoit été bien reçu, et que la destitution de Le Danois étoit assurée.* Il ajouta que vous lui aviez fait perdre son procès; que vous étiez le protecteur des voleurs de diligences; que vous leur faisiez prêter serment, et que *** vous portoit des fonds, et finit par dire *qu'il falloit se défaire de vous, et vous perdre.* Il dit également au citoyen *** que vous l'aviez dénoncé; que vous aviez écrit aux juges de Beauvais contre lui; il me proposa à moi de déposer que vous aviez écrit au geolier de Rouen en faveur des ***; et sur ce que je lui observai que je n'en savois rien, il me dit : *Tu ne cours aucun risque.*

5.° Il tira ensuite de sa poche plusieurs lettres, parmi lesquelles il en avoit une écrite au cit. *** du Tribunal criminel d'Evreux; il nous dit qu'il nous mèneroit chez ledit ***, et qu'il nous feroit voir bien autre chose.

4.° Quelque temps après, j'allai à Evreux en témoignage, * * * vint encore trouver, * * * et moi; il nous dit qu'il sortoit de chez ***, qui étoit malade, mais qu'il lui avoit donné une lettre pour parler à ***, accusé; qu'il lui en avoit également donné une que vous aviez dû écrire contre ***, et qu'il alloit la lui faire lire; il y alla en effet, et quelque temps après il revint chez le citoyen ***, chez lequel j'étois avec le citoyen ***, et il dit : La lettre a fait un effet merveilleux; *** va la communiquer aux autres accusés, et si *** est condamné, Le Danois est perdu.

Tout cela, citoyen Président, m'a montré bien de la haine et de l'acharnement, et j'ai cru en honneur que je devois vous en instruire.

J'ai l'honneur de vous saluer avec respect. ***

N.° XVIII.

Action intentée devant le Juge-de-Paix, et jugement contre le particulier désigné dans les lettres précédentes, comme agent principal du complot annoncé dans lesdites lettres.

Des minutes du greffe de la justice de paix du ci-devant canton d'Ecouis, est extrait ce qui suit :

L'an X de la République Françoise, le 4 frimaire, devant nous, Alexis-François Foulon, Juge-de-

Paix du caton d'Ecouis, accompagné des citoyens Desnier et Caron, nos assesseurs, et le citoyen Ligny, faisant les fonctions de Commissaire du Gouvernement, à l'assistance du greffier ordinaire, en notre audience de Police Municipale, et aux lieu et heure ordinaires de nos séances à Ecouis.

Est comparu le citoyen Louis-Gaspard-Claude-François Le Danois, Président au Tribunal civil d'Andelys, y ayant domicile de droit, lequel a dit qu'il est dans l'intention d'intenter action en calomnies et en machinations pratiquées pour attenter à son honneur et son repos; que les lois criminelles n'ayant point déterminé de marche assurée à cet égard, il entend prendre, quant à présent, l'action en police municipale, aux fins des réparations qui lui sont dues, sauf à recourir à toutes autres voies au besoin.

Pour quoi il pose les faits suivans de calomnies et de machinations, etc. (Ce sont ceux que l'on lira dans la partie du jugement qui contient les faits.)

Le Tribunal, ouï le citoyen Ligny, adjoint, faisant les fonctions de Commissaire du Gouvernement, a accordé acte au cit. Le Danois, 1.° de ce que lecture de la cédule a été donnée à l'appel de la cause en présence du cit. ***; 2.° de ce que ledit cit. *** a demandé une seconde lecture de ladite cédule, sous prétexte qu'elle ne contenoit pas citation *en police municipale;* 3.° de ce que le cit ***, qui avoit quitté l'audience, y est reparu au moment où ledit cit. Le Danois faisoit ses soutiens, et de ce que ledit cit. Le Danois a demandé que lecture de ses soutiens fût faite en présence dudit cit. ***, ce qui, sur-le-champ, a été exécuté.

Ensuite le Tribunal a posé les questions suivantes.

Le cit. Le Danois a intenté son action, pour obtenir la réparation de propos et machinations calomnieux, dont il accuse le cit. *** d'être l'auteur.

Sur quoi, considérant que les propos et machinations calomnieuses sont une injure, qu'aux termes de l'article 605 du Code des délits et des peines, le Tribunal de Police municipale est compétent de connoître des actions intentées pour injures verbales, et après avoir de rechef opiné en présence du cit. Ligny, adjoint, faisant les fonctions du Commissaire du Gouvernement, et sur ses conclusions a ordonné que le cit. ***, sans avoir égard au déclinatoire par lui proposé, plaidera sur-le-champ au fond, ainsi jugé et prononcé en présence des parties. *Signé* Desnier, Caron, Ligny, *commissaire*, Foulon et Le Jeune, *greffier*.

Et de suite le cit. *** ayant été interpelé, pour savoir s'il entendoit ou non plaider au fond, et ayant répondu qu'il étoit *muet*, le cit. Le Danois a conclu.

A ce qu'il plaise au Tribunal, faisant droit sur

le fond de l'action, accorder défaut, en présence du cit. ★★★, et de suite, après que le Tribunal aura posé le fait, ainsi qu'il est énoncé dans la cédule, établi les questions qu'il donne à juger, et les considérans par lesquels elles doivent être décidées, il lui plaira, vu que le cit. ★★* ne veut et n'ose méconnoître les faits de calomnies à lui imputés, ce qui en droit offre la preuve judiciaire, qu'il en est l'auteur, déclarer ledit cit. ★** *calomniateur effréné et auteur de machinations, tendantes à opérer la calomnie et à altérer l'honneur et le repos du citoyen Le Danois.*

Ordonner que le jugement à intervenir sera imprimé, lu, publié et affiché, aux frais du cit. ★★★, au nombre de mille exemplaires, et partout où il appartiendra, avec dépens, sous les réserves de prendre par la suite toutes et telles autres voies et conclusions que de droit, ce qu'il a signé. *Signé*, Le Danois.

FAIT.

Le fait de la cause est que le cit. Le Danois a traduit le cit. ★★★ en notre Tribunal de Police municipale, pour avoir réparation des injures, calomnies verbales et machinations calomnieuses faites par le cit. ★★★ contre lui, et dont l'énonciation est dans les faits ci-après.

PREMIER FAIT.

Dans le mois de germinal dernier, un citoyen

aspiroit aux fonctions d'huissier près le Tribunal d'Andelys, le cit. *** alla le trouver depuis, et lui dit : *Le Danois, Président du Tribunal, est un gueux, il s'oppose à ta réception, il t'a fait perdre ton procès ; il vend la justice à beaux deniers comptans ; je le perdrai lui-même.*

IIe. FAIT.

Dans les premiers jours complémentaires de l'an IX, ce même cit. *** alla sur les sept à huit heures du soir trouver un citoyen résidant dans l'arrondissement des Andelys, et lui dit en présence d'un autre citoyen : *Le Danois est un coquin qui a juré ta perte ; il a fait tous ses efforts pour te faire arrêter ; il a écrit une lettre affreuse aux Juges contre toi, il faut s'en défaire. Le cit. *** ajouta, j'arrive de chez le Ministre de la Police, j'y ai été bien reçu. Le Danois y a été aussi, il a été bien mal reçu. Le Ministre a écrit au cit. Dupont, Président du Tribunal criminel d'Évreux, pour destituer Le Danois de la place de Président ; il est inévitable qu'il sera destitué, mais le cit. Dupont veut prendre toutes les mesures nécessaires.*

Le cit. *** tira de sa poche plusieurs lettres, parmi lesquelles, il y en avoit une anonyme, adressée au Président du Tribunal criminel, il dit : *qu'il étoit aussi dépositaire d'une lettre qu'il n'avoit pas alors sur lui, par laquelle le*

*Sous-Préfet d'Andelys dénonçoit Le Danois au Président du Tribunal criminel, et que lui, ***, avoit demandé aux Commissaires et aux Juges du Tribunal d'Andelys, une assemblée dudit Tribunal, à laquelle le Sous-Préfet seroit appelé, et qu'alors Le Danois et le Sous-Préfet seroient bien surpris.*

IIIe. FAIT.

Ledit cit. ***, après cette conversation, invita celui des citoyens, chez lequel il étoit, de monter à sa chambre, et y étant arrivé, *il lui dit, Le Danois est un coquin : il a reçu de l'argent de *** pour me faire perdre mon procès; il a dîné chez ledit *** dans un grand repas qu'il a donné; il a mis des entorses dans mon affaire avec lui; c'est un gueux, il faut absolument le perdre. Il a fait prêter serment à tous les voleurs de diligences, de ne rien dire, même jusqu'à la mort, il est voleur lui-même; *** alloit du côté de Caen voler les diligences, et lui rapportoit des sommes. Promets-moi de déposer tous ces faits, il n'y a aucun danger.*

IVe. FAIT.

Le citoyen auquel on faisoit cette proposition, ayant répondu, qu'il ne pouvoit déposer des faits dont il n'avoit aucune connoissance, ledit cit. *** lui répliqua : *il faut absolument que tu les dé-*

pose ; je les déposerai bien moi-même, s'il le faut. J'ai chargé quelqu'un de t'en parler, il faut nécessairement que tu le fasses, et tâche encore de trouver quelqu'un dans tes connoissances qui fasse la même déposition : je vais en chercher de mon côté.

V^e. FAIT.

Cette conversation étant finie, le cit. *** descendit de la chambre et trouva encore le citoyen qui y avoit été présent au récit du premier fait, et il lui dit, ainsi qu'au citoyen chez lequel il étoit. *Je me rendrai à Évreux, la veille du jugement des accusés : je vous menerai tous deux chez le Président, et je vous ferai voir quelque chose,* et adressant la parole au citoyen qui n'étoit point monté à la chambre, il lui dit : *il faut que tu déposes que Le Danois a écrit une lettre à ***, et que c'étoit probablement pour protéger les ***.*

VIe. FAIT.

Depuis ce tems, et dans le mois de vendémiaire dernier, ledit cit. *** a dit à un autre citoyen domicilié dans l'arrondissement d'Andelys: *J'ai fait fermer la porte de tous les Ministres au citoyen Le Danois. C'est un gueux, je veux le perdre, et je le poursuivrai sans relâche.*

VIIe FAIT.

Dans le tems où les prévenus de vols de diligences

étoient en jugement, le cit. *** s'est rendu à Evreux, il a dit à deux citoyens : *je viens de voir le cit. *** qui est malade; il m'a donné une lettre pour parler à ***, il m'en a confié une autre, qu'il m'a dit avoir été écrite par Le Danois contre ***, avec invitation de la faire voir à ce dernier; je m'y rends, nous nous reverrons.* Quelques heures après le cit. *** alla chez le cit. *** juge, et dit en présence des mêmes citoyens qui s'y trouvèrent, *la lettre a fait un effet merveilleux.* Au sortir de chez ledit cit. *** le cit. *** dit auxdits citoyens qui s'y étoient trouvés avec lui : *que si *** étoit condamné, Le Danois alloit être perdu.*

VIIIe FAIT.

Que depuis que le cit. *** a été acquitté, le cit. *** a dû faussement lui dire ou lui faire dire, que le cit. Le Danois avoit écrit au Ministre pour le faire retenir en prison.

IXe FAIT.

Qu'il s'est pratiqué, tant dans l'arrondissement des Andelys, que notamment dans la commune d'Evreux, d'autres machinations que le cit. *** a conduites et auxquelles il a participé, et qui seront encore l'objet d'autres poursuites, quand et contre qui il appartiendra.

QUESTIONS.

Le refus du cit. ✳✳✳ de reconnoître ou méconnoître les faits de calomnies et d'injures énon-
cés dans la citation, est-il suffisant en droit, pour
l'en faire présumer légalement l'auteur ? Et puis-
qu'il ne se défend pas, ne peut-on pas dire que
c'est qu'il n'a aucun moyen de justification à
proposer ?

CONSIDÉRANTS.

Considérant que le cit. ✳✳✳ refusant de méconnoître les faits de calomnies et injures verbales
à lui imputés, et les machinations calomnieuses
qu'il s'est permises, avoue tacitement et légalement
qu'il en est l'auteur.

JUGEMENT.

Ouï, le cit. Ligny adjoint faisant les fonctions
de Commissaire du Gouvernement, près le Tribunal de Police municipale, tant en ses conclusions
sur l'affaire, que dans ses plus amples conclusions relativement à l'amende de trois journées
de travail,

Le Tribunal donne *défaut* en *présence* du cit.
✳✳✳, et pour le profit, le déclare *calomniateur
effréné envers le cit. Le Danois, et auteur de
machinations tendantes à altérer l'honneur et
le repos de ce dernier : ordonne que le présent
jugement sera imprimé, lu, publié et affiché au
nombre de mille exemplaires, partout où il*

*appartiendra, aux frais dudit cit. *** et le condamne aux dépens, et faisant droit sur les plus amples conclusions du Commissaire du Gouvernement, condamne le cit. *** à l'amende de trois journées de travail.*

Le présent jugement signé par nous Juge-de-Paix et assesseurs, et Commissaire susdits. Signés Caron, Desnier, Ligny, Foulon, Lejeune.

Enregistré le 5 frimaire an X.

Et signifié au cit. *** le même jour.

<h2 style="text-align:center">N.º XIX.</h2>

Fragmens de lettres, contenant des réflexions que M. Le Danois a placées dans une correspondance avec l'un de ses amis, sur la bizarrerie de sa position, sur les effets de la calomnie, sur ceux de la prévention, et sur les moyens de remédier à ces fléaux de l'humanité.

PREMIER FRAGMENT.

« Ce que je vais vous dire est délayé dans ce « que vous avez reçu : c'est le défaut ordinaire « d'un homme malade.

« Voici le corollaire de toutes mes idées.

« Quatre hommes en place m'ont poursuivi « pendant la révolution.... Ils ont continué d'être « investis de l'autorité, et dans un temps plus « calme, ils n'ont point déposé leur haine, parce

« que je manquois au nombre de leurs victimes,
« et que la considération dont je jouissois les
« effrayoit.

« Ces hommes m'ont dénoncé ou fait dénoncer;
« ils ont déposé ou fait déposer contre moi : ils
« ont assigné des faits quelconques à leur ca-
« lomnie.... J'étois seul avec ma vertu contre eux :
« j'ai dit qu'ils calomnioient : j'ai prouvé littéra-
« lement leur haine.

« J'étois en place comme eux, et mes titres de
« considération valoient bien les leurs.... Pourquoi
« leur donneroit-on plus de croyance qu'à moi?...
« Je n'exige pas qu'on m'accorde la préférence,
« parce que je ne suis point particulièrement
« connu du Souverain et du Ministre.... Mais il
« est entre eux et moi une balance qui rendra
« aux choses leur juste valeur : c'est l'opinion
« publique, qu'il est digne du Souverain et de
« ses Ministres d'interroger, surtout quand il
« s'agit d'un fonctionnaire public qui a mérité
« leur confiance : sans cette garantie, la plus
« grande partie des fonctionnaires seroit la victime
« de son zèle et de ses travaux honorables.

« Lorsque, dans mes différentes fonctions, j'ai
« anéanti deux bandes de scélérats; lorsque je
« bravois la haine des fonctionnaires publics dont
« j'ai parlé, c'étoit moins dans mon courage que
« je trouvois des ressources pour opérer le bien,
« que dans cette pensée consolante, que si mes

« ennemis s'avançoient, le Souverain daigneroit
« interroger la voix publique, sur son fonction-
« naire transformé subitement en un homme
« dangereux, et sur la vie passée et actuelle de ses
« calomniateurs : c'est ainsi que je croyois arriver
« sans danger à tous les genres de récompense
« qui suivent les bonnes actions.

« Et en coûtera-t-il donc beaucoup d'interroger
« les Conseillers de Préfecture, les membres du
« Conseil du Département, qui étoient en place
« il y a douze ans, et qui n'ont pas cessé de les
« remplir ; les principaux électeurs, M. Leroy,
« ancien juge criminel, législateur, et que la
« bienveillance du Souverain suit dans toutes ses
« places ; les Juges-de-Paix des cantons environ-
« nant Andelys, etc. etc.

« Déjà ce suffrage général s'est élevé en ma
« faveur, et a couvert de honte mes ennemis.
« La dénonciation étoit portée et publique; il y
« avoit six mois, lorsque le corps électoral s'as-
« sembla pour nommer les notables.... 340 voix
« sur 380 me portèrent à la place de notable
« du Gouvernement, et mes ennemis, fonction-
« naires publics comme moi, n'en obtinrent
« pas une.

« Voilà de ces preuves qui subjuguent les esprits,
« et qui sont mortelles pour la calomnie.

« Voilà le seul moyen de l'atteindre.

2.ᵉ FRAGMENT.

« La position dans laquelle je me trouve est si
« extraordinaire, que je ne puis tarir sur les ré-
« flexions qu'elle offre à mon esprit.

« En voici quelques-unes.

« J'ai été dénoncé par mes ennemis d'après
« quelques dépositions qu'eux-mêmes avoient
« provoquées et sollicitées. (J'en ai la preuve dans
« des lettres écrites par deux des personnes qu'ils
« avoient voulu séduire.) Ils avoient tremblé en
« méditant ma perte : ils n'avoient pas eu le cou-
« rage de vouloir persuader qu'un homme, ver-
« tueux pendant cinquante ans, fût devenu tout-
« à-coup scélérat.

« Leur dénonciation a été portée au Conseil-
« d'Etat, et elle n'a produit aucune impression
« nuisible parmi ces Magistrats qni ne me con-
« noissent pas.

« Ainsi, je n'ai point été considéré comme cou-
« pable, mais j'ai peut-être subi l'affront du
« soupçon, et mes ennemis se sont réjouis de
« cette victoire.

« Le Code criminel offre à celui qui est accusé
« d'un crime, la faculté de se justifier dans les Tri-
« bunaux : il ne dit rien pour celui qui gémit
« sous le poids du soupçon.

« La loi seroit imparfaite, s'il n'existoit aucun
« moyen pour ce dernier de s'affranchir des peines

« que lui cause un état perpétuel d'incertitude
« sur la perte d'une considération qu'il a employé
« toute sa vie à mériter.

« Mais, ce que la loi n'a pas fait, l'honnêteté
« publique l'indique : c'est aux premiers Magis-
« trats, c'est au Ministre de la Justice qu'il appar-
« tient de vérifier la source des soupçons, de
« s'assurer de sa pureté, de s'informer de la mo-
« ralité de l'homme soupçonné, et de substituer
« ainsi une espèce d'instruction morale à l'ins-
« truction légale que la loi n'a pas permise.

« Ah ! mon ami ! que cette enquête seroit utile
« au Gouvernement et à mes concitoyens ! Elle
« enchaîneroit bien des passions, et dévoileroit
« bien des crimes.

3.ᵉ FRAGMENT.

« Vous m'avez invité, monsieur, à vous offrir
« quelques idées dont je vous fis part dans notre
« dernier entretien, où nous déplorions vous et
« moi les funestes effets de la prévention et le
« silence de notre législation à cet égard.

« Je vais vous les offrir comme un homme souf-
« frant, et conséquemment sans la suite, la clarté
« et l'étendue que je pourrai leur donner dans
« tout autre temps.

« Je devrois, peut-être avant, parler de la ca-
« lomnie de ses ravages, et des efforts inutiles
« que l'on a faits jusqu'ici pour lui donner un

« frein légal ; mais tant d'autres, avant moi, ont
« cherché le moyen de détruire ce fléau, que je
« craindrois, en présentant les mêmes réflexions,
« de prêcher encore dans le désert ; d'ailleurs,
« celles qui vont suivre pourront mettre sur la
« trace de celles que l'on peut faire.

« Je reviens aux effets de la prévention et aux
« moyens de la faire cesser.

« La prévention est l'opinion défavorable que
« l'on prend de quelqu'un dénoncé à la justice,
« avec des preuves assez fortes pour le mettre en
« jugement, ou de celui qui, n'étant l'objet que
« d'une simple dénonciation, mais appuyée de
« preuves trop légères, n'en reste pas moins exposé
« aux soupçons du délit exprimé dans la dénon-
« ciation, ou dans les demi-preuves sur lesquelles
« on la fonde.

« Dans le cas d'une dénonciation avec preuve
« suffisante pour mettre un citoyen en jugement,
« celui-ci se présente dans les Tribunaux où la
« loi l'appelle ; et à l'aide de l'instruction, et de
« tous les moyens qui lui sont offerts, pour établir
« son innocence, il parvient, quand il n'est pas
« coupable, à détruire les impressions et la pré-
« vention que la dénonciation a produites ; il est
« dans le sanctuaire de la vérité, il ne craint point
« la calomnie, il la terrasse, et si elle lui a fait
« quelques plaies, les cicatrices en sont hono-
« rables ; alors le dénonciateur ou les témoins

« inspirés par lui, sont eux-mêmes chargés du
« poids de la prévention, de celui de la honte et
« des remords.

« Dans le cas d'une dénonciation avec des
« preuves si légères, qu'elles ne permettent pas
« de conduire le dénoncé devant les tribu-
« naux, celui-ci étant privé des ressources et
« des formes protectrices de l'innocence, crie
« vainement à la calomnie, lui oppose inutile-
« ment une vie sans reproche, la dénonciation
« est là ; le cruel dénonciateur dit froidement, *que*
« *ma victime prouve le contraire ?* et la pré-
« vention reste, et remplit d'amertume le cœur
« de celui qui en est l'objet, qui souvent a perdu
« en un instant, et son antique honneur et quel-
« quefois une partie de sa fortune.

« Si le malheureux dont je viens de parler, est
« fonctionnaire public, si ses calomniateurs le
« sont aussi, alors la somme des maux est incal-
« culable ; la perte de la bienveillance du Souve-
« rain, le mépris des personnes honnêtes, mais
« trop foibles pour entreprendre de détruire l'im-
« posture, viennent affliger et humilier le pre-
« mier, tandis que les seconds trouvent souvent
« le salaire de leurs forfaits dans le partage de
« ses dépouilles.

« Je trouve dans la distinction que j'ai faite
« entre le prévenu, par des preuves suffisantes, et
« celui qui ne l'est que par des preuves légères,

« le secret du calomniateur consommé dans l'art
« de nuire : il se gardera bien de donner à sa
« dénonciation, ou aux preuves qu'il offre ou
« qu'il fait offrir par ses agens, un caractère telle-
« ment imposant, que sa calomnie puisse être
« portée et épurée dans les tribunaux ; mais il
« supposera le délit, il l'environnera de quelques
« circonstances, propres à le faire soupçonner ;
« il ne dira point tout-à-fait qu'il existe, mais en
« tartufe adroit, il insinuera qu'il est possible,
« et avec ce manège il s'arrêtera où il faut s'ar-
« rêter pour faire naître la prévention que rien
« ne détruit, sans s'exposer à conduire jusques
« dans le sanctuaire de la justice, celui qui y
« prouveroit son innoncence, et sortiroit victo-
« rieux d'un combat où son lâche ennemi suc-
« comberoit.

« Ces idées, monsieur, seroient susceptibles de
« plus d'énergie et de clarté, incompatibles avec
« mon état de souffrance ; mais il me suffit de
« vous les présenter ; vous leur donnerez la force
« et le coloris qui leur conviennent.

« Ceci entendu, devons-nous nous affliger en-
« core long-temps de ce que dans un moment
« de régénération des lois, on ne se soit point
« occupé des moyens de détruire les effets de
« la prévention, surtout quand elle pèse sur des
« fonctionnaires publics, ou devons-nous croire
« qu'il n'en existe aucun ?

« Ecoutez-moi encore avec quelqu'indulgence :

« L'accusé, traduit devant les tribunaux, sera-t-
« il plus heureux et plus certain de conserver son
« honneur et sa fortune que le simple prévenu,
« pour lequel il n'a été créé aucuns tribunaux ?

« Voilà la question intéressante que j'appro-
« fondirai dans un autre temps, mais sur laquelle
« je vais vous donner quelques idées.

« Le prévenu par une dénonciation ou par des
« preuves qui ne sont pas de nature à conduire
« à l'accusation, ne peut ni offrir une défense
« directe, ni administrer des témoins, car la loi
« ne lui demande rien, c'est au tribunal seul de
« l'opinion publique qu'il est traduit, et ce tri-
« bunal n'a de compétence que pour juger de la
« moralité des actions ; ainsi le prévenu est réduit
« à ne parler que de la sienne, à l'opposer à l'im-
« moralité de ses ennemis, et à demander sans
« cesse que l'on vérifie l'une et l'autre ; il ne peut
« lui-même faire cette vérification, car elle seroit
« suspecte...... Mais s'il existoit dans chaque dé-
« partement un tribunal protecteur de la réputa-
« tion des hommes, plus précieuse que leur for-
« tune.... S'il avoit le droit d'aller chercher les
« calomniateurs jusques dans leurs repaires, en
« les poursuivant avec le flambeau de l'opinion
« publique, qui peut seule éclairer leurs actions ;
« alors le silence de la législation criminelle sur
« la calomnie, deviendroit moins dangereux et

« provoqueroit moins de gémissemens. Ce tribu-
« nal que l'on pourroit appeler *censorial*, seroit
« investi du droit d'interroger les fonctionnaires
« publics du département , les plus recomman-
« dables par leur probité; les électeurs, que leur
« état civil met au-dessus du soupçon; les citoyens
« ayant des habitudes d'estime avec les prévenus,
« et tous ceux qui pourroient tenir le fil de la
« vérité; il feroit cette instruction sans y ap-
« peler le prévenu et les calomniateurs, sans les
« en prévenir, avec toute la circonspection de
« l'honneur , et l'éloignement de toute espèce
« d'inquisition dangereuse.

« Un pareil tribunal, qui seroit la sauve-garde
« du premier sentiment de tout bon François,
« (l'honneur), seroit un effroi perpétuel pour la
« calomnie, et il offriroit peut-être le moyen le
« plus infaillible de la faire cesser. Alors l'honnête
« homme respireroit en paix, et les méchans dis-
« paroîtroient sous l'empire des mœurs qui les
« auroient proscrits.

« Il faudroit que ce tribunal fût soumis à la
« surveillance directe du Ministre de la Justice;
« qu'il lui communiquât le résultat de ses recher-
« ches, et qu'après qu'lles auroient été approu-
« vées, le tribunal fût autorisé à prononcer que
« tel citoyen a été calomnié, sauf au Ministre à
« rendre public le nom des calomniateurs , s'il

« le jugeoit à propos, ou à prendre telle autre
« mesure qu'il appartiendroit.

« Si cette idée ne peut point avoir son appli-
« cation générale à tous les individus, elle est
« au moins applicable aux fonctionnaires publics,
« bien plus exposés à la calomnie que les autres,
« et qui ont, pour ainsi dire, plus de droits à la
« garantie de leur honneur, par les sacrifices per-
« pétuels qu'ils font de leur repos et de leur
« tranquillité.

« On peut opposer à ces conceptions de l'homme
« de bien, que l'établissement de plus de cent
« Tribunaux du genre que j'indique, seroit dif-
« ficile, soit en raison du choix des juges, soit
« en raison des frais qu'ils occasionneroient ; je
« répondrai que quant aux juges, il existe en-
« core dans les départemens assez d'hommes probes
« pour mériter une aussi grande confiance ; que
« le traitement de pareils hommes ne devroit con-
« sister que dans l'honneur de remplir d'aussi
« belles fonctions ; qu'enfin on pourroit les con-
« fier au Ministre de la Justice, auquel on adjoin-
« droit des collaborateurs en nombre suffisant,
« pour remplir cette tâche.

« L'essai que l'on feroit de cette mesure provi-
« soire, pourroit en faire sentir l'utilité, et amener
« des améliorations ultérieures.

« On a bien établi un comité du sûreté indivi-

« duelle, composé de Sénateurs, pourquoi n'éta-
« bliroit-on pas des comités conservateurs de
« l'honneur des citoyens? Pourquoi ne feroit-on
« point un pas pour effrayer les calomniateurs,
« tandis qu'ils en font mille, pour tourmenter les
« hommes?

« Je désirerois que l'un des hommes qui veil-
« lent au salut de l'Empire par la conservation de
« ses institutions, élevât la voix pour faire ajouter
« à nos institutions légales, celle dont je ne fais
« que donner une idée imparfaite. Je désirerois
« qu'avec plus de force que je n'en ai, il s'oc-
« cupât des moyens qui me sont échappés, et mé-
« ritât le nom de créateur d'une législation depuis
« si long-temps désirée. »

Telles sont les pièces à la publicité desquelles
je me suis borné quant à présent..... Je n'ai rien
fait pour ma satisfaction personnelle; car je ne
veux d'autre témoin de mon innocence que
ma conscience : mais j'ai cédé au désir de garantir ma famille, honorablement alliée, des effets
ultérieurs de la fureur de mes ennemis, qui
ne respectent pas plus les vivans, que leur
cendre.

PREMIÈRE NOTE.

Tandis qu'on s'occupoit de l'impression de ce Recueil , je reçus une lettre de l'un de mes amis , qui m'annonçoit que mes ennemis [instruits de ma convalescence, avoient de nouveau embouché la trompette de la calomnie, qu'ils ajoutoient à leurs anciennes impostures : *que j'avois pris la fuite, au mois de juillet de l'an dix,.... et que j'avois été destitué ou suspendu de la place de Président : que cette tache étoit indélébile , etc.*

J'écrivis aussitôt pour me procurer les preuves de cette nouvelle fausseté : et voici les pièces que je leur oppose :

1.º Un arrêté du Conseil d'Etat, en date du 2 ventose an 11 .... qui, sur la réclamation des Juges du Tribunal d'Andelys, prononça *ma démission, attendu mon absence sans congé, depuis plus de six mois.*

On ne declare pas *démissionnaire* le fonctionnaire qui est *destitué* ou *suspendu* de ses fonctions; .... on *remplace* le destitué.... on déclare *définitive* la suspension provisoire.

2.º Deux certificats de la Préfecture d'Evreux et du Payeur-général, dont la teneur suit :

PRÉFECTURE DE L'EURE.

Le Secrétaire-général certifie que, d'après la vérification faite des registres de comptabilité du département, il a été delivré à M. Le Danois, en sa qualité de Président du Tribunal de première instance à Andelys, des mandats pour toucher le traitement attaché à cette fonction, pendant l'an dix en entier, et jusqu'au dix-sept pluviose de l'an onze, époque de la cessation de ses fonctions.

En foi de quoi j'ai délivré le présent, pour valoir et servir ce que de raison.

A Evreux, le 8 août 1811.

Signé, De Salers.

MINISTÈRE DU TRÉSOR PUBLIC.

Le payeur du département de l'Eure, certifie que M. Le Danois, Président du Tribunal de première instance à Andelys, a été payé de son traitement, en cette dite qualité, depuis le premier vendémiaire an 10, jusqu'au 17 pluviose an 11.

A Evreux, le 19 août 1811.

Signé, Duverger.

On ne conserve pas sur l'état des fonctionnaires publics, celui qui est destitué; on ne lui paye pas son traitement .... on ne le lui paye pas davantage, s'il est suspendu.

3.º Les certificats de madame de Loiserolle, de MM. Fournier et Giraudy médecins, lesquels attestent, savoir : le premier qu'il m'a donné ses soins pendant quinze mois à Bacqueville, où je demeurois ; le second qu'il m'a reçu le 11 juillet de l'an dix, dans la maison de santé de madame Loiserolles, rue de Buffon à Paris. Que j'y ai été traité par MM. Pinel, Esquirol et Luy ; qu'il n'a cessé depuis cette époque, jusqu'à ce moment, de m'offrir les secours de son art.

Je les transcris :

Je certifie que M. Le Danois, ancien Président au Tribunal d'Andelys, est entré dans ma maison de santé rue de Buffon , vis-à-vis le Jardin des Plantes, le 11 juillet 1801, correspondant à l'an 10, et qu'il est entré comme malade.

Fait à Paris, ce 25 août 1811.

Signé, veuve Loiserolle.

Je soussigné, chirurgien de l'hospice civil et militaire d'Écouis , arrondissement commune des Andelys, département de l'Eure, certifie à tous qu'il apartiendra, que dans le mois de pluviose an dix, M. Le Danois, alors Juge et Président du Tribunal d'Andelys, fut attaqué d'une maladie nerveuse, hypocondriaque, à l'occasion de laquelle je fus appelé, pour lui donner mes conseils à son domicile, en la commune de Bacqueville, que malgré le traitement, méthodiquement administré jusqu'au mois de prairial de la même année, les accidents continuèrent avec la même intensité, et qu'à cette époque, je lui conseillai, ainsi qu'à sa famille, d'aller consulter sur son état, à Paris; qu'à leurs sollicitations je l'y accompagnai, et le conduisis moi-même chez plusieurs médecins, et entre autres chez M. Pinel, médecin de la Salpétrière, qui me conseilla de l'engager à rester quelque tems dans la capitale, pour y recevoir le traitement analogue à sa situation; que, sur son avis, je le conduisis encore dans la maison de santé de Mme. Loiserolle, rue de Buffon, dirigée quant à la partie médicale, par MM. Pinel, Lesquirol et Giraudy; et qu'enfin j'ai entretenu pendant un laps de tems assez considérable avec le dernier, qui peut l'attester lui même, une correspondance assez suivie sur l'état de M. Le Danois; en foi de quoi j'ai delivré le présent, pour servir et valoir ce que de raison.

A Écouis, le 12 août 1811.

Signé, Fournier.

Légalisé à Écouis, le 12 août, 1811.

Et vû par le Sous-Préfet d'Andelys, le 21 août suivant, qui a signé.

Je soussigné, certifie, que le 11 juillet de l'an X, M. Le Danois, Président au Tribunal d'Andelys, département de l'Eure, fut amené par sa famille et par M. Fournier, médecin à Ecouis, dans la

maison de santé de madame veuve Loiserolle, rue
de Buffon, nº 3, dont j'étois le médecin ordinaire : que sa maladie consistoit en une affection
nerveuse hypocondriaque ; que je lui ai donné
des soins de concert avec M. Pinel, pendant 19
mois dans cette maison ; qu'il passa ensuite dans la
maison de santé de madame Evrard, rue d'Orléans
St.-Victor, où je continuai de le voir ; qu'enfin il
choisit celle de M. Belhomme, rue de Charonne,
et depuis, son domicile à Paris, rue de Montmorency, où je n'ai cessé de suivre sa maladie.

Signé, Giraudy, médecin.

Paris, le 18 août 1811, rue Traversière St.-
Honoré, n°. 35.

Un homme sain qui prend la fuite ne s'envi-
ronne pas de quatre médecins.... Il ne se rend
point à Paris dans une maison de santé, dépen-
dant de la police, où son nom est déposé sur-le-
champ ; il ne se promène pas tous les jours à l'aide
d'un bras, dans les lieux publics de la Capitale,
comme je l'ai fait depuis dix ans.

Il est des calomniateurs qui croient encore avoir
besoin de l'apparence de la vérité pour séduire,
et qui s'enveloppent de manière à ne pas craindre
la lumière.

Les miens, *sont en place, ils sont puissans*,
(expressions dont on se servoit dans les bureaux du

Ministre, il y a dix ans) : ils ne respectent rien ; ils ne redoutent rien.

Savez-vous quelle est la base principale de leur confiance? Ce n'est pas dans leurs titres qu'elle repose, parce que leur conduite écarte le respect dû à la place.... Mais ils ont dans les bureaux du Ministre, qu'ils ont intérêt de tromper, un agent subalterne, fidèle sectateur de leur doctrine, disposé à tous les grands moyens de la propager, même à ceux *du faux*.... Et si ce faux est glissé au milieu des immenses occupations du Ministre, ils triomphent, comme si le temps et la vérité ne pouvoient jamais recouvrer leurs droits.

Voilà tout le secret de mes ennemis.... Mais je le dévoile avec les ressources honnêtes et simples de l'évidence; c'est moins de moi dont je m'occupe en ce moment, que du sort de mes concitoyens, encore exposés à l'influence du pouvoir qu'ils ont conservé.

Qu'ils jugent si la loi les a investis de ce droit; mais qu'ils n'assassinent pas.

IIe. NOTE.

L'on m'a tellement répété qu'il existoit une décision par laquelle on me remplaçoit dans la Présidence, que j'ai cru devoir multiplier les démarches, pour m'assurer de l'exactitude de ce fait.

En conséquence, j'ai écrit au Président actuel du Tribunal d'Andelys; et voici les faits simples qui pourtant ont servi d'aliment à de nouvelles calomnies:

La dénonciation portée contre moi, est de la fin de l'an IX, ou du commencement de l'an X.

Elle a été remise sous les yeux du Premier Consul, en Conseil d'Etat, dans les premiers mois de l'an X, et elle n'a produit aucun effet.

Mais dans le mois de pluviose an XI, le Tribunal d'Andelys prit une délibération , par laquelle il annonça que j'étois absent, sans congé, depuis plus de dix mois, et demanda, pour le bien du service, que je fusse remplacé, comme Président et comme Juge.

Le droit de remplacer à la Présidence apartenoit au Premier Consul, exclusivement.

Je ne pouvois être remplacé comme juge qu'après qu'il seroit intervenu une décision du Conseil-d'État qui me déclarât démissionnaire, pour cause d'absence.

Ceci entendu, voici ce qui est arrivé.

Le Premier Consul, d'après l'arrêté du Tribunal d'Andelys, a nommé, le 23 nivose an XI (c'est-à-dire, plus d'un an après la dénonciation), pour me remplacer comme Président, M. Véricourt, l'un des juges ; et d'après l'arrêté du Conseil-d'État, du 2 ventose , qui me déclare démissionnaire pour absence, il a nommé M. Boulloche, pour me remplacer comme juge : la nomination est du 28 floréal an XI.

Ainsi, tout est dans l'ordre, et mes ennemis sont encore confondus. Il falloit un Président au Tribunal d'Andelys, vu mon absence de plus de 9 mois, et le Premier Consul l'a nommé. Il falloit un Juge, vu ma démission de cette place, prononcée pour cause d'absence, et l'Empereur l'a nommé.

J'ai perdu l'un et l'autre titre par le seul effet de ma·maladie, mais non par la perte de la confiance du Souverain, et de la bienveillance du Ministre.

Il en eût été bien autrement, si l'un et l'autre eussent donné de la croyance aux faits contenus dans la dénonciation ; je n'aurois pas conservé pendant plus d'un an, après son époque, le titre de Président ; il auroit cessé d'exister avec les motifs de confiance qui m'en avoient rendu digne.

Signé, LE DANOIS, ancien Président du Tribunal d'Andelys, rue de Montmorency, n.° 7.

L'avocat soussigné, qui a lu le Recueil de la Correspondance et les pièces y relatives adressées à M. Le Danois ; les fragmens de lettres, contenant les réflexions de M. Le Danois sur les dangers de la calomnie et sur les effets de la prévention, ainsi que sur les moyens d'y remédier; et enfin les notes,

Est d'avis que M. Le Danois a prouvé jusqu'à l'évidence, et les services qu'il a rendus au Gouvernement, et la calomnie de ses ennemis; et qu'il a acquis, par la publicité qu'ils l'ont forcé de donner à sa conduite, de nouveaux droits à l'estime publique, récompense la plus précieuse de l'homme de bien.

Délibéré à Paris, le 23 août 1811.

Signé, DAUPELEY.